去探险
马可·波罗游记

[德] 安科·杜尔察普夫　著
[德] 克劳迪娅·利布　绘
胡静　译

北京科学技术出版社
100层童书馆

图书在版编目 (CIP) 数据

马可 • 波罗游记 / (德) 安科 • 杜尔察普夫著 ;
(德) 克劳迪娅 • 利布绘 ; 胡静译 . -- 北京 : 北京科学
技术出版社 , 2024.6
（去探险）
ISBN 978-7-5714-3763-3

Ⅰ . ①马… Ⅱ . ①安… ②克… ③胡… Ⅲ . ①人文地
理—世界—少儿读物 Ⅳ . ① K901-49

中国国家版本馆 CIP 数据核字（2024）第 053762 号

Author: Anke Dörrzapf
Illustrator: Claudia Lieb
Title: Die wunderbaren Reisen des Marco Polo

著作权合同登记号　图字：01-2024-0963
本书地图系原书插附地图，审图号为 GS 京（2024）0246 号

特约策划：红点智慧
策划编辑：谭振健
责任编辑：郑宇芳
营销编辑：赵倩倩
责任校对：贾　荣
责任印制：吕　越
出 版 人：曾庆宇
出版发行：北京科学技术出版社
社　　址：北京西直门南大街 16 号
邮政编码：100035
电　　话：0086-10-66135495（总编室）　0086-10-66113227（发行部）
网　　址：www.bkydw.cn
印　　刷：北京顶佳世纪印刷有限公司
开　　本：889 mm × 1194 mm　1/16
字　　数：100 千字
印　　张：7.25
版　　次：2024 年 6 月第 1 版
印　　次：2024 年 6 月第 1 次印刷
ISBN 978-7-5714-3763-3

定　　价：88.00 元

目 录

CONTENTS

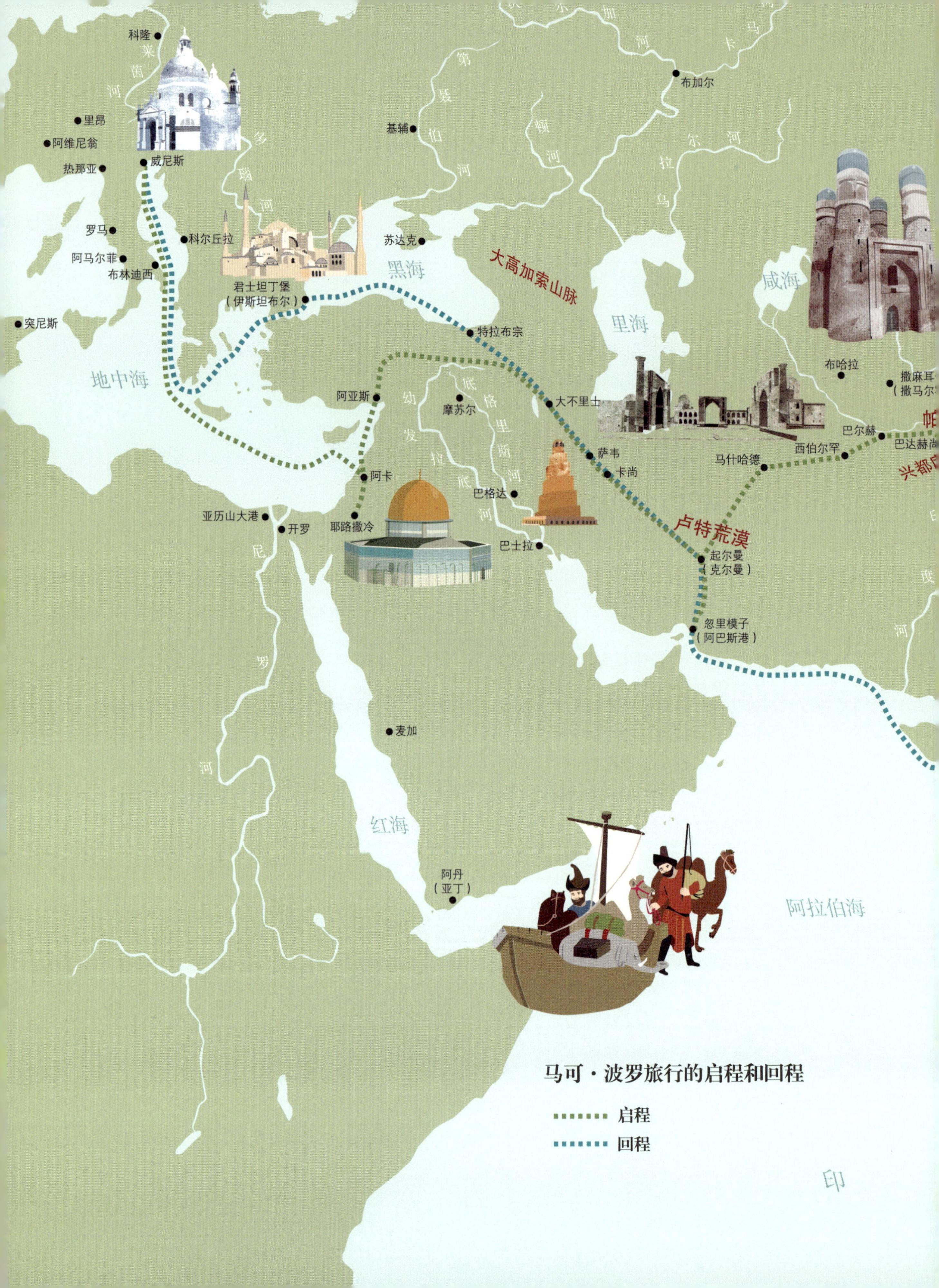
科隆
莱茵河
里昂
阿维尼翁
热那亚
威尼斯
多瑙河
罗马
科尔丘拉
阿马尔菲
布林迪西
突尼斯
地中海
君士坦丁堡
（伊斯坦布尔）
黑海
苏达克
基辅
第聂伯河
顿河
布加尔
乌拉尔河
大高加索山脉
里海
咸海
特拉布宗
阿亚斯
摩苏尔
幼发拉底河
底格里斯河
大不里士
萨韦
卡尚
阿卡
巴格达
耶路撒冷
亚历山大港
开罗
巴士拉
尼罗河
卢特荒漠
起尔曼
（克尔曼）
忽里模子
（阿巴斯港）
马什哈德
西伯尔罕
巴尔赫
布哈拉
麦加
红海
阿丹
（亚丁）
阿拉伯海
马可·波罗旅行的启程和回程
启程
回程

鄂毕河
叶尼塞河
贝加尔湖
阿尔泰山脉
和林
上都
大都
（北京）
戈壁沙漠
塔克拉玛干沙漠
鸦儿看
（莎车）
罗卜驿
（若羌）
沙州
（敦煌）
肃州
（酒泉）
甘州
（张掖）
宁夏府
（银川）
黄河
兰州
斡端
（和田）
秦岭
扬州
上海
杭州
东海
长江
福州
泉州
太平洋
恒河
湄公河
孟加拉湾
南海
安达曼群岛
普塔勒姆
锡兰岛
（斯里兰卡岛）
洋

序言

“马可 · 波罗先生？您好，我叫鲁斯提契洛，我是一名作家。”

“您有何贵干？”

“您是马可 · 波罗吗？”

“嗯。”马可 · 波罗看了看那个发色深黑、脸色苍白的男人，目光再次低垂下来，回应了对方。马可 · 波罗已经 44 岁，他下巴上的胡须已经是灰色的了。他坐在地上，倚靠在牢房的墙上——他已经被关在牢房里好一段时间了。

“我可以坐在您旁边吗？”

“欢迎。”马可 · 波罗低声说道，他把玩着手里的鹅卵石，目光空洞地看着作家。

两个男人彼此沉默无语，不时有囚犯在他们旁边走过。外面已经夜幕降临。

远处走道传来狱卒的脚步声，还有他身上的钥匙叮叮当当相互碰撞的声音。他把墙壁上的火把点亮，亮光慢慢爬满了整个牢房。

这一年是公元 1298 年，这一天是温暖舒适的九月天，阳光的强度还够把牢房的墙晒得很暖和。回到 9 月 8 日那黯淡的一天，马可・波罗带领着威尼斯战船与热那亚人展开海战，但是很不幸，他们战败了，很多船沉入了海底。马可・波罗很幸运，他的大船幸免于难。热那亚人冲进他的船里，将海员和指挥员都锁上镣铐，押到了热那亚。7000 多名威尼斯人被关在这座城市的各个监狱当中。

现在，马可・波罗坐在这儿，没有受多大罪。在热那亚的监狱里，囚徒可以自由行动，只是饭菜很难吃，而且不会准时发放，他们不知道吃下一顿饭是什么时候。释放出狱的时间遥遥无期，因为这两个意大利城市至今仍然是敌对的状态。

“你不是威尼斯人，对吧？”马可・波罗问道。

“是的，先生，我来自比萨。”鲁斯提契洛回答得很快，原来马可・波罗也有和他交谈的欲望，他非常开心。“我已经在这里被关了 14 年，也是因为当时我们的城市跟热那亚打仗打输了。这里的夏天还挺舒服，墙壁阻挡了外面的热气，但是冬天就非常冷，而且很潮湿。您应该让您的家人给您寄一些暖和的衣服过来。”

鲁斯提契洛叹了口气，说：“这里也允许囚徒的亲戚带一些吃的东西过来。想想这里糟糕的饭菜，这真是一种优待，我们不应该放弃任何享受的机会，我从来没有想过自己会在监狱中度过 14 年。”

“我现在只能坐在地上，而不是带有靠背的舒适座椅上。这里的囚徒很多，但是椅子却很少。”

“说件能让您感到欣慰的事情：这跟印度人的情况差不多，”马可·波罗偷偷笑道，他的夹克衫也跟着抖动，“那里的人也坐在地上，甚至国王也是这么坐的。他们认为，坐在地上是对大地的尊重，我们从大地来，最终要回归大地，因此大地需要得到我们足够的尊重。”

“我听说您去过中国，是吗？”鲁斯提契洛尝试着让这段对话继续下去。

“您也听说这件事了？”

“那里是不是很神奇？我还从来没有碰到过，去过遥远东方国度的人。”

“您说，您是位作家？”

“是的，我写骑士小说。”鲁斯提契洛直起了腰，“先生，请给我讲讲您那段在遥远国度的冒险旅程。如果您能与我分享您在中国和其他国家旅行的经历，这对我来说将是莫大的荣幸。”

突然，马可·波罗如梦初醒，然后，他再次陷入沉思。

“很多人认为我是一个骗子，他们认为我描绘东方财富的数不胜数和帕米尔高原的严寒险峻时，完全是夸大其词，还有对中国的种种发明和海上的大船的描述，完全是吹嘘。我保证，这些东西都是我亲眼看见的。有些人完全不相信，他们甚至认为，我从来没去过中国，只是道听途说了来自其他旅人那里的故事，或者完全是胡编乱造、信口开河。”

马可·波罗沉默了一会儿，用审视的眼光看着鲁斯提契洛。

“作家鲁斯提契洛，您准备好相信我要讲的故事了吗？”

“是的，先生，我已经准备好了，”鲁斯提契洛眼神坚定，“我会认真听您的旅行经历。”

“您在想什么？这是您写书的素材吗？”

“我不敢妄下结论，”鲁斯提契洛回答道，“先生，坦白来说，这也是我找您的原因。”

“我没办法给您提供任何有关骑士小说的素材。”

“先生，我们一起写一本书吧。它会成为商人开启东方之旅的指南，为读者打开神秘东方世界的大门。并且，这段监狱岁月也会变得有意义。”

马可·波罗的眉头慢慢舒展开来。“我会通知家人，把我的旅行笔记寄过来。这样在我记不清某些细节的时候，还能够通过笔记来回忆。”

马可·波罗把手伸向了鲁斯提契洛：“让我们一起写一部伟大的作品吧！”

这位作家表示同意，从袋子里掏出一沓事先准备好的纸。马可·波罗往后靠了靠，找了个舒服的姿势，开始了讲述。

“我应该从我的童年开始讲起，”马可·波罗说道，“因为只有这样才能解释，我怎样花了 4 年前往中国，又怎样在那里的统治者忽必烈的皇宫中生活了 17 年，最后又怎么花了 4 年时间回到了威尼斯。

“我，鲁斯提契洛，将会完全忠实地记述马可·波罗描绘的景象。”

我 17 岁离开家乡，等再回来已经是 24 年后了。”

“那这样，”鲁斯提契洛边说边拿起羽毛笔蘸了蘸墨水，“您说，我来写。”

鲁斯提契洛用飞舞的笔尖在纸上记下：

“皇帝、国王、公爵、侯爵、伯爵、骑士和市民，以及其他所有人，不论是谁，如果你们希望了解人类的不同种族，了解千差万别的各个地区，请读一读或听一听这本书里的故事吧！你会在其中发现很多神奇的东西，你会了解到波斯、中国、印度这些国家的区别。马可·波罗先生，这位高贵、多才的威尼斯公民将为你们讲述他亲眼看见的世界，知无不言，言无不尽。”

旅行

威尼斯的童年

威尼斯波罗家的门铃在响。

“是谁？”一层的女佣在走廊喊道。

这个时候大家刚刚用过午膳，屋子里的人都在午休。

“是你们的主人！尼科洛·波罗和马泰奥·波罗。”一个有力而坚定的声音喊道，这个声音一直传到了马可的房间。

“哦，我的天哪！”女佣惊叹道，赶紧从楼梯上跑下来。

马可瞬间惊呆了。他们回来了！他的父亲尼科洛和叔叔马泰奥真的回来了。

马可的父亲是一位伟大的商人，他出海进行贸易的时候，他的妻子刚怀上马可。马可还没有见过父亲，但从姨妈、叔叔和仆人那里听说过很多关于他的事。马可经常想象父亲的样子及他游历的地方，想象着父亲也许正骑着马走在亚洲的山路上。有时会有商人路过他们家捎来消息，表示他的父亲和叔叔安然无恙，然后又是很多年杳无音信。有时马可从亲戚的声音中听出了恐惧，他的父亲下落不明，可能病倒在波斯或者已经被强盗杀害。

马可的母亲很早便已离世，马可从小由亲戚带大。他所在的商人之家，虽然不是威尼斯的名门望族，但十分富裕。马可的一些亲戚在君士坦丁堡经商，一个叔叔在黑海旁的苏达克做生意。波罗世家买卖宝石、布匹，以及其他商人在长时间商旅途中搜集来的木材、盐和香料。

童年时期，马可喜欢穿梭在威尼斯的大街小巷，沿着河岸走走停停，注视着在宫殿或河岸卸货的商队。在这些地方能闻到香草贸易商运来的生姜的香气，能触摸到来自西西里岛的名贵布料，还能听到来自不同地方的商人讲着各种陌生的语言，以及船厂中传来的敲击声，那是木匠在里面建造商船。他也喜欢偷听水手们讲有关叙利亚、塞浦路斯和北非的故事。

他经常想象，可能他的父亲和叔叔刚刚踏上一艘前往威尼斯的大船。他很多朋友的父亲也经常出门在外，很多年后才会结束商旅，从埃及、奥格斯堡或者巴勒斯坦回来。

“回到家后，尼科洛先生听说，他的妻子去世前给他生了一个儿子。这个孩子今年 15 岁，名字叫马可。”

但是，马可的父亲和叔叔比其他人在外面待的时间更长。他们回来的时候，马可已经 15 岁。有传言说，尼科洛和马泰奥去了中国，但是他们在那里跟那些传言中粗鲁的当地人做什么呢？马可听圣马可广场的水手们讲过有关蒙古帝国的惊险故事，蒙古帝国在欧洲东部不断扩张，扩张范围直逼威尼斯。而那时，他的父亲就在那里。

马可冲往大门的方向，两个褐色头发的男人站在门廊上，长年累月的户外旅行加深了他们脸上的皱纹，太阳把他们的皮肤晒成了深褐色。“尼科洛先生，这是马可，你的儿子。”马可的阿姨把马可带到他父亲身旁。父亲穿着一件带有异域图案的夹克，马可从来没有见

贸易重镇威尼斯

在马可·波罗生活的时代，威尼斯是一个非常富有的城市，也是地中海区域的一股重要势力。很多海港和岛屿都属于它的管辖范围，比如君士坦丁堡，即后来的伊斯坦布尔；还有一些希腊的岛屿，例如克里特岛，在很久之前就是威尼斯的一部分。威尼斯的船只在地中海上穿梭，带来了伊斯特拉半岛的盐、西西里岛的粮食和埃及的香料。当时，威尼斯在地中海贸易中的最大竞争者是意大利城市热那亚和比萨。在 15 世纪时，随着荷兰、葡萄牙及英国纷纷成为重要的贸易国，威尼斯才渐渐失去了影响力。

过这样的衣服，两个人都用迟疑的眼光看着对方。

他的父亲缓慢地说道：“你好，马可。”“父亲，您好。”马可害羞地低下了头。父子俩还是花了好些日子才彼此熟络起来。接下来的几周对于波罗家族来说是紧张热闹的，尼科洛和马泰奥在高高的木桌旁给阿姨、表兄弟和邻居们讲述着自己的经历，一讲就是好几个小时。马可总是在旁边静静地听着，听着他们是怎样从君士坦丁堡行至克里米亚半岛；为何决定去东方贸易；又是怎么花了数天时间越过群山，穿过茂密的森林，闯入金帐汗国领袖别儿哥可汗的领地。

还有，他们又是如何受到别儿哥可汗的接待：可汗坐在金光闪闪的王位上，尼科洛和马泰奥给可汗呈上了珠宝，这位统治者回送给他们的礼物价值翻倍。尼科洛和马泰奥在金帐汗国做了一年生意后，打算启程回威尼斯，但是战争爆发了，回家的路被封锁了。两兄弟商议着：“我们没办法带着这些货物原路返回君士坦丁堡，如果我们换一条向东的路线，照样可以绕行回到家乡。”他们穿过沙漠，最终来到了布哈拉，那是一个很大的贸易城市。不幸的是，不久之后，那里也爆发了战争。因此，波罗兄弟不得不在布哈拉逗留了 3 年。在这段时间里，他们学会了波斯语和蒙古语，学会这两种语言方便了他们在贸易中的沟通。1264 年，他们遇到了伊利汗国的使臣，这个使臣打算去觐见蒙古帝国的最高统治者——忽必烈。使臣对于在布哈拉遇到这两个威尼斯人感到非常惊讶，他告诉波罗兄弟：“忽必烈至今还没有见过欧洲人，他非常希望有机会见一见。我可以保证，你们一定会安全无恙的。如果你们和我一起去他的皇宫，他一定会非常高兴，他会隆重接待你们。”尼科洛和马泰奥经过商量，决定和他一起去见那个蒙古帝国最闪耀的人。

他们在马背和骆驼上行走了一段漫长的路，等到他们见到世界上最具权势的统治者，也就是成吉思汗的孙子忽必烈时，已经过去了整整一年。忽必烈很好奇，他想知道关于欧洲的一切：国王在那里是如何统治的？战争又是如何进行的？欧洲人如何生活？信仰什么？忽必烈是一位既有耐心又受过教育的绅士，并不像欧洲流传的那样是个野蛮人。最后，忽必烈请求波罗兄弟代表他拜访教皇，并请求教皇给他送 100 名学者来。“这是忽必烈大汗在向教皇示好。”说到这儿的时候，尼科洛从夹克口袋里掏出了一块金牌，这是一块由纯金打造的矩形令牌，马可在金牌上看到了一些陌生的字符。“这是忽必烈大汗在我们临行之前送给我们的。拿着这块金牌，所有人都会给我们提供膳宿、马匹和随行之人。”马泰奥解释道。随后，父亲又讲述了自己的最后一段旅行：经过 3 年的长途跋涉，兄弟二人最终到达了地中海。在地中海的时候，他们听闻教皇已经去世，新的教皇还没有选出来。“因此，我们最终回到了威尼斯。”马可的父亲说完了。尼科洛和马泰奥打算尽快启程再次前往中国。一旦新的教皇被选出来，他们就会出发。这一次，马可会跟着去，等到马可来到中国，这个 15 岁的少年也将成长为一名青年才俊。

成吉思汗和蒙古帝国

13 世纪初，在成吉思汗的领导之下，蒙古人开始大面积扩张自己的领土。他们是出色的马上一族，精良的装备、出色的战术，以及优秀的骑术和射术帮助他们轻松战胜了欧洲人。在马可・波罗生活的时代，蒙古人辽阔的疆土被成吉思汗的后代们瓜分，而蒙古人的新任最高统治者，也就是成吉思汗的孙子元世祖忽必烈，统治着几乎整个中国，他是当时世界上最有权势的男人。

启 程

这是 1271 年春天里的一天，天气晴朗。大约 30 艘帆船从威尼斯出发，沿着运河行驶，路过圣马可广场。城市里的高塔和宫殿都变成水平线上遥远的图画，长长的猩红色的船桨深入海浪中，威尼斯潟湖外亚得里亚海的海浪把船只荡得摇摇晃晃。

马可、尼科洛和马泰奥在一艘船上，此时马可已经 17 岁，这个年轻人就这样开始了他的第一次远程旅行。橹舰、小船、马匹和骆驼将在接下来的几个月伴随他，这些他终究都是要经历一遍的。

马可的父亲和叔叔回到威尼斯已经两年了，但是新的教皇仍然没有选出来，尼科洛和马泰奥不希望让忽必烈等得太久，于是，他们没带上忽必烈要求的 100 名学者便出发了。马可从没有想过，现在自己马上就要去他父亲和叔叔讲述过的那个国度了。

橹舰和帆船组成了一支船队，正顺着亚得里亚海行驶：橹舰上挂着彩色的旗子，水手们有力地划着船桨，和橹舰并行的还有狭长的帆船。每年，由 30 至 40 艘船组成的“穆达”护航队会出海两次。当出海的队伍比较庞大时，他们的作用就更加明显了，因为庞大的船队很容易吸引海盗的注意。

船上除了海员和商人之外，还有朝圣者：富有的主教和贵族，贫穷的妇女和简朴的僧侣，他们都想去耶路撒冷和伯利恒朝拜。

海上之旅持续了几个星期。有时候，海浪特别凶猛，甚至都拍到了船舷栏杆上，船上不少旅客被摇晃得头晕呕吐。有时候，大海却又格外平静，在水平线上可以隐隐约约看到意大利的海岸。甚至还有些时候，所有的乘客必须从船的这一边跑到另一边，来帮助船只减轻航行阻力。

这并不是马可第一次坐船，正如所有的威尼斯人那样，马可从小就知道如何掌控船只，因此，航海旅行对他来说并不是什么大不了的事。

等看不见南意大利的山时，他们就会跟护航队分开：其中一部分船只从普利亚的方向驶往南意大利，另外一部分船只朝着亚历山德里亚的方向往埃及或者摩洛哥驶去。马可的帆船“穆达迪锡里亚”号要从希腊和塞浦路斯驶过。

这趟航行的目的地是地中海东部的阿卡。他们打算去耶路撒冷取点圣墓的灯油，这是忽必烈的请求。

马可的船到达阿卡的时候已是初夏，远远地可以看到城市的塔楼，港口由堤坝护着，沙滩一直往南延伸过去，直通海法渔村。小商贩们在海边小道上奔走，嘴里念叨着各种语言。十字军身穿白色的披风，在码头上巡逻。

一头骆驼被拴在了一所房子旁边，中午的太阳晒得它直打盹。

马可、尼科洛和马泰奥下船后立即进了港口附近的威尼斯区，他们打算在那里过夜。威尼斯的旗帜在一座宫殿前面飘扬，街上开着许多商店，到处都能听到威尼斯方言，他在这儿就好像回到家乡一样。

几天之后，尼科洛和马泰奥请求与泰巴尔多·维斯孔蒂会面。泰巴尔多·维斯孔蒂是阿卡的教皇使节，尼科洛和马泰奥在他们第一次旅行时便认识了他，泰巴尔多·维斯孔蒂也知道忽必烈交予他们的使命。

维斯孔蒂准许他们拜访，并为他们安排了前往耶路撒冷取灯油的行程。

这是一段危险的行程，在这条路上，朝圣者和小商贩经常遭到袭击。马可他们很快上路，穿过绿洲和干涸的河谷，路过贝都因人和他们的羊群，那些人用警觉的眼神盯着马可一行人，担心对方是前来袭击的十字军。

有惊无险，马可他们安然无恙地从耶路撒冷回来了。在回阿卡的路上，他们收到了消息，泰巴尔多·维斯孔蒂打算再次接待他们。

一个舒适阴凉的午后，使节宫殿的围墙挡住了外面的炎热，泰巴尔多·维斯孔蒂若有所思地望着窗外。马泰奥·波罗说道：“先生，我们是这样考虑的，现在还没有选举出教皇，但我们在这里逗留的时间已经够长了。我们已打算去拜访蒙古帝国的最高统治者。”维斯孔蒂看着马可、尼科洛和马泰奥三人激动的神情沉默良久。

最终，维斯孔蒂点头应允：“我能理解你们，并且同意你们去拜访蒙古帝国的统治者。”

泰巴尔多·维斯孔蒂给忽必烈写了一封信，信中写到，现在没有教皇，因此波罗一家没办法传达使命。

这样一来，马可他们就可以证明，为什么没有带上 100 名学者一同拜见忽必烈。

海法和阿卡

海法和阿卡现在属于以色列。在13世纪，海法这个居民点还只是卡梅尔山脚下的一个小渔村，现在它已发展成以色列第三大城市。阿卡这个港口城市的规模则要比海法小。

当他们从宫殿里出来的时候，已经是傍晚，一个驾着驴车的小商贩从他们身旁走过。马可思考起这段摆在他们面前的旅行：从现在开始，他们即将穿过没有威尼斯旗帜飘扬的地域，会听到陌生的语言，而他们将去往的地方是陌生的东方。

觐见大汗的两名腼腆的传教士

“等一下！不要走！”一名骑士快马赶到三位波罗先生面前。

“你们是波罗家族的商人吗？”

“是的。”尼科洛和马泰奥两个人用不确定的眼神打量着骑士。“您找我们有什么事吗？”

“泰巴尔多·维斯孔蒂让我带信给你们。尊敬的尼科洛、马泰奥和马可先生，你们可能要回一趟阿卡，”这名骑士有些上气不接下气，“教皇已经被选出来了，那便是泰巴尔多·维斯孔蒂自己！”

“泰巴尔多·维斯孔蒂被选为教皇？”马可·波罗惊讶地问道。

“是的，他自称为教皇格列高利十世！”

他们已经走了好几天，离阿卡有一段距离了，现在他们来到了土耳其的阿亚斯（今尤穆尔塔勒克）。这个城市和阿卡一样，到处都是来自威尼斯的商人。

在这里的市场上，各色商品琳琅满目，有香料、丝绸，还有金缎。他们打算穿过这里，顺着商队栈道进入内城。马可的父亲决定：“我们回去吧，也许我们现在还能完成大汗交给我们的使命。”

跟想象的一样，回阿卡的路途要顺畅得多：统治阿亚斯的亚美尼亚国王给马可他们配备了一艘大战船，他们很快便安全抵达了目的地。

他们立即拜见了泰巴尔多·维斯孔蒂，这三个威尼斯人向新任教皇鞠躬，亲吻他的脚。泰巴尔多·维斯孔蒂为他们祈福，并说道：“还好把你们追回来了，真是太幸运了！请把我写给忽必烈大汗的信还给我。”马可的父亲把书信递给了他，这个新教皇把书信撕成了碎片。“我会给你们重新写一封。”马可他们在铺有软垫的长凳上等候，维斯孔蒂正在口述那封写给忽必烈的信。

“然而，大汗的一个请求我仍然没法满足，”泰巴尔多·维斯孔蒂对波罗家的三位先生说道，“我虽然被选为教皇，但是还没有被公开授命。所以，我现在没办法在短时间内召来100名学者，陪你们去中国。”维斯孔蒂朝着仆人点了点头，说道：“但是，我想到了一个解决办法：两名传教士会与你们一同前往。他们学识渊博，我也是在阿卡偶然发现了他们。”

中国的欧洲旅行家

尼科洛、马泰奥和马可并不是当时唯一深入亚洲的欧洲人。那个时代的欧洲人认为蒙古人都是野蛮人，只要提及善战的蒙古人便十分胆寒。教皇英诺森四世及法国国王路易九世都曾派使臣前往中国示好。

两名传教士走进了宫殿。他们穿着白色的僧衣和黑色的袈裟。“我给你们介绍一下，这是来自维琴察的尼科洛和来自的黎波里的威廉。”泰巴尔多·维斯孔蒂说道。这两名传教士朝马可他们点了点头。泰巴尔多·维斯孔蒂把书信交给了这两名传教士，让他们作为教皇的使者前往中国。仆人也呈上了教皇给忽必烈准备的礼物：一个水晶做的花瓶。传教士将会把这个礼物呈送给蒙古帝国的最高统治者。

第二天，马可一家和两个传教士乘着亚美尼亚国王赠与的战船驶往阿亚斯。这两个传教士十分激动，他们对于本次旅行的冒险热情一点儿也不比马可少，马可观察着这两个传教士的言谈举止。当他们到达阿亚斯准备下船时，听到了一个不幸的消息：埃及穆斯林苏丹带着他的军队正往这边来。战争随时可能会爆发，两个传教士害怕了，他们想打退堂鼓。最后，他们把教皇的信件及礼物交到波罗先生们手中并单独写了一封信，交待了他们为什么没一同前往。随后，这两个传教士便消失在了阿亚斯喧闹的街道中。

马可的父亲说道：“那么现在，就算没有这两个传教士，我们还是得去中国。我们毕竟还有大汗的金牌，它会帮助我们安全到达中国。”

亚洲的欧洲商贩

其实很早之前，欧洲的商贩与蒙古人就有着联系。因为商人们一早就发现，他们跟蒙古人做生意可以挣钱：亚洲的丝绸、香料、颜料、珍珠、宝石和布料可以一直卖到欧洲。

热那亚人和威尼斯人则是把羊毛织物、亚麻布料、钟表，以及玻璃带到了东方。元朝的统治稳定下来后，贸易之路也打开了，元朝的大一统给诸如波罗家族的商人们提供了绝佳的条件，因为边卡少了。商人们也发现，元朝的统治者们绝不是野蛮人，而是像忽必烈一样，是受过教育的人。

开始一段漫长的旅行

尼科洛、马泰奥和马可从早到晚都在路上。他们骑马穿过安纳托利亚到达波斯。在途中，马可喝着山里清冽的泉水，摩挲着市集上猩红色的丝绸和地毯。

马可还记得在骑行的第一天结束时，自己的背和腿都很疼。他从小在城市里长大，还不能适应这种长时间的骑行。到了晚上，他浑身僵硬地从马背上爬下，大腿已经完全麻木。但不久以后，他就适应了马背上的生活。

时间过得很快，秋天已经来临，天气变得舒适。炎热的夏季已经过去，亚拉拉特山的山顶已是一片白雪。有几天的雨下得特别大，以至于他们只能穿着湿透的衣服入睡。

大多数情况下，马可他们与商队一起过夜。通常他们会在驿站吃晚饭，并在那里让马匹也得到休养。有时候，波罗一家把他们的马匹跟其他旅行者或商队的圈在一起。如果他们的马匹累了，他们会换上其他的马，然后骑着精力充沛的马匹继续上路，这是大汗的金牌所赋予他们的权力。

在有的驿站，波罗先生们甚至每个人能分到一间独立的卧室。但大多数情况下，他们只能挤在一间房里。

驿站的四周是高高的墙，用来防御小偷和盗匪。驿站间的距离一般为 30 到 40 千米，专为商队提供歇脚处。

在驿站，尼科洛和马泰奥遇到了另一队旅行者，他们准备前往波斯、格鲁吉亚和巴格达。马可饶有兴致地听着他们的谈话。“你们那里棉花怎么卖？”“你们骆驼上的丝绸又是从哪里来的？”“你们的锦缎是什么价钱？”……马可也听过其他商人谈论到格鲁吉亚的石油，那儿的石油产量非常丰富，可以让几百艘轮船满载而归。这种油可以被引燃，还可以制成油膏。

马可、尼科洛和马泰奥顺利进入伊利汗国，这里是蒙古帝国的统治范围。蒙古人负责途经的旅行者的安全。到了一些危险的区域，会有武装队伍保护波罗先生们，他们巡视周围，来保证波罗一家的安全，当他们到达安全区域时，武装队伍就会离去。

波斯的北部是连绵的山峦，到处都是崎岖的山崖。有时他们一天只能走几千米，因为他们需要攀爬陡峭的山路。有时候，山路太过狭窄，连胯下的马都战战兢兢。傍晚，夕阳缓慢走向山顶，整个山顶被染成一片橘红色。

不久之后，这三位旅人来到了大不里士，一座布满果园的城市。在这里的商店，马可第一次看到了用蚕丝制成的布匹。在这座城里住着信奉不同宗教的人。

尼科洛和马泰奥在集市上转了一圈，查看了亚洲宝石的价格。

马可如饥似渴地学着所有的东西：如何跟人打交道，如何在集市上

讨价还价，如何讲出流利的波斯语。很快，他就能理解这门陌生语言的只言片语。

尼科洛和马泰奥很喜欢交易宝石，因为它们便于携带。

“雪、雨，以及湍急的河流挡住了旅行者前行的路。在冬季，他们没办法像以往一样骑行。”

如果购买了红宝石和钻石，他们就把这些宝贝缝进衣服里，这样一来，便不会被其他旅行者看见。

几个月过去了，马可已经习惯了驿站、陌生的语言和食物。他尝试着记住所有看到的东西，那样回到威尼斯后就可以讲给其他人听。有时候，他会做一些笔记：从一个城市到另一个城市需要几天，在路上人们是否能买到口粮，用什么可以作为交换等。那些波斯人饲养的强壮的马、运送商品的驴子都让马可感到惊奇。有时，他会惬意地坐在平原上的棕榈树阴影下休息，吃着开心果，玩赏四周野生的小苹果。

波罗先生们穿过平原和森林，听到过鹧鸪和鹌鹑的叫声，遇见过波斯人在山上挖绿松石，碰到过工人在矿山上采矿，见到过乡镇的作坊里匠人在给骑士们加工辔具、佩剑和马鞍，女人们用蚕丝描摹动物的纹理织着衣服。

马可也记录下了当地人讲述的奇闻轶事，还有蒙古人征服巴格达的故事。

很久以前，巴格达的哈里发坐拥巨额宝藏，这些金子、银子和宝石都是从民众身上搜刮来的。然而 1258 年，蒙古人占领了巴格达。蒙古军队的首领旭烈兀汗入驻这座城市，当他打开哈里发的塔楼时，他惊奇地发现：整个塔楼里装满了金银珠宝。

旭烈兀汗把哈里发叫过来，问道："为什么不把你的宝藏分发给战士，激励他们保卫自己的城市？"哈里发一时语塞，不知如何作答。

旭烈兀汗把哈里发关在塔楼里，不给他吃喝。旭烈兀汗告诉他："这里有大量的金银珠宝，从今以后，这就是你唯一的食物，你想吃多少就吃多少。"哈里发这才意识到，他的这些财富现在一无是处，早知道就把这些财富分给臣民们，而不是把它们积聚在这里。

被强盗袭击

这天，天气很阴沉，云层非常厚，好像天永远不会亮一样。中午，马可、尼科洛和马泰奥在一个波斯村庄里吃了烤羊肉，吃饱喝足后，他们又骑着马穿过一片平原，这片平原很空旷，一路上都没什么树。

马可努力地不让自己在马上睡着，他吃得太多了。他们跟另一队商旅一起走，他们跟马可一样打算去波斯湾的霍尔木兹[*]。“我们最好一起走，”一个穿着红夹克的中年人说道，这个人是马可他们在旅店里遇见的，“在这个区域有很多来自印度的强盗，他们兵强马壮，能够一手遮天。”

---

* 霍尔木兹在中国元朝时期的译名为“忽鲁谟斯”，为方便读者阅读起见，本书使用了今译，同时书中若出现类似情况，也尽力以此为标准进行处理。——编注

“现在，他们对这个平原和这里的民族了如指掌，一提到强盗，整个世界就乌云密布。”

“现在，天还没有完全亮，那些强盗可以不费吹灰之力地抓住我们。”马泰奥悄悄地跟马可和尼科洛用威尼斯语开玩笑，然后用波斯语对那些商人说：“跟你们一同前行，是我们的荣幸。让我们一起出发吧！”

现在，他们的马匹慢腾腾地走了两个小时，那头给商人驮着布匹的年轻驴子时不时地发出嘶吼声。尼科洛给波斯的商人抛出了各种各样的问题：商品价格如何？霍尔木兹这个地方怎么样？在那里能否买到船只？是否有船去印度或中国？

一只鸟不知在哪里叽叽喳喳地叫着。

马蹄的哒哒声越来越近，看来速度很快。

波斯商人环顾四周。突然，从林子里蹿出一队头戴头巾的骑马者，他们的眼睛好像杏仁一般。他们向马可这边飞奔过来。

一个男人叫道:“有强盗！走这边！”他的声音变得尖锐起来。

马可驱赶着他的马，以最快的速度逃跑，紧紧跟在尼科洛、马泰奥和那个穿红色夹克的波斯商人后面。

“在他们赶上我们之前，我们必须到达下一个村庄。到了那儿，我们就安全了。”那个商人边逃边喊道。马可感觉跟父亲的距离越来越远了。他听到一个商人在喊叫，他回头看了一眼，强盗正用短剑插进那个商人的胸膛。马可加快了速度。“驾！”他嘶喊道。

他们持续奔驰了半个钟头，马可完全不敢回头看，他再次赶上了他的父亲和叔叔。在他们前面是一些砂白色的房子——那是村庄！他们快马驶进村子，然后才渐渐放慢了速度。因为长时间紧紧握着缰绳，马可感到他手上的肌肉好似痉挛般抽搐。

几分钟后，另外四个同行者也到达了村子。强盗差一点儿就追上了他们，幸运的是他们最终还是成功逃脱了。有少数人被强盗杀死了，还有一些人被强盗俘虏了，他们会被当成奴隶卖出去。

“马可，”尼科洛把一只手放到他儿子的肩上说道，“我们成功了。”

在霍尔木兹

阳光炙烤着大地，但这跟几周之前的旱热大不相同，马可他们正在前往中亚的路上。这儿靠近波斯湾，在暴风雨来临之前，这儿的天气非常闷热、潮湿，这可比威尼斯的盛夏更加糟糕。马可只要一动，就浑身是汗，而阳光又十分强烈，马可的脸颊已被晒得通红。

强盗袭击事件已经过去了两周，马可他们花了五天时间穿过了强盗潜伏的平原，接着他们又通过了一条狭窄的下坡路。他们穿过一片椰枣树林，蹚过清澈的小溪，鸟儿的啼鸣整天伴随着他们。空气越来越湿润，这表明他们离港口越来越近了。现在，这三个威尼斯人已经到达了霍尔木兹，那里停靠着来自印度的帆船，这些帆船从东方运来香料、丝绸、宝石和珍珠。

“你们要小心霍尔木兹椰枣酒，”其他商人提醒他们道，“大多数的外地人喝了之后，就会拉肚子。”马可、尼科洛和马泰奥牵着他们的马穿过城市的街道，小商贩们在街上出售椰枣和腌制过的金枪鱼，市场上堆放着成堆的洋葱，房子的间隔很近，投下的阴影让路人感到些许凉爽。

离港口越近，就越显嘈杂。各种各样的声音在碰到墙壁后又产生了回声，波斯商贩大声地跟收帆的说着些什么。

骆驼被拴在了码头。

一个商贩想让他的单峰驼休息一会儿，骆驼叫了两声，先将前腿弯曲，而后摇摇晃晃地将身体放到了地上。

港口熙熙攘攘，骆驼和马匹被拴在了一边。商人们在骆驼背上捆上满满的丝绸和象牙，这些象牙将会被加工成精美的装饰品。

“我的天哪，快看那些船，”马泰奥惊讶地喊道，“尼科洛，你看到没？那些印度船不是用铁钉固定的，而是用绳子！”

“所有的船都这样吗？”尼科洛嘟囔道。

“马可，你待在这儿照顾我们的马。我跟你父亲到处走一走，看看有没有正常的船。”

马可跟三匹马待在原地。他找了一处阴凉地，打算凉快凉快。

“这儿的天气很恶劣，炎热让人无法忍受。更悲催的是，如果哪个外地商人在这儿被热死了，国王就会强占他所有的财产。”

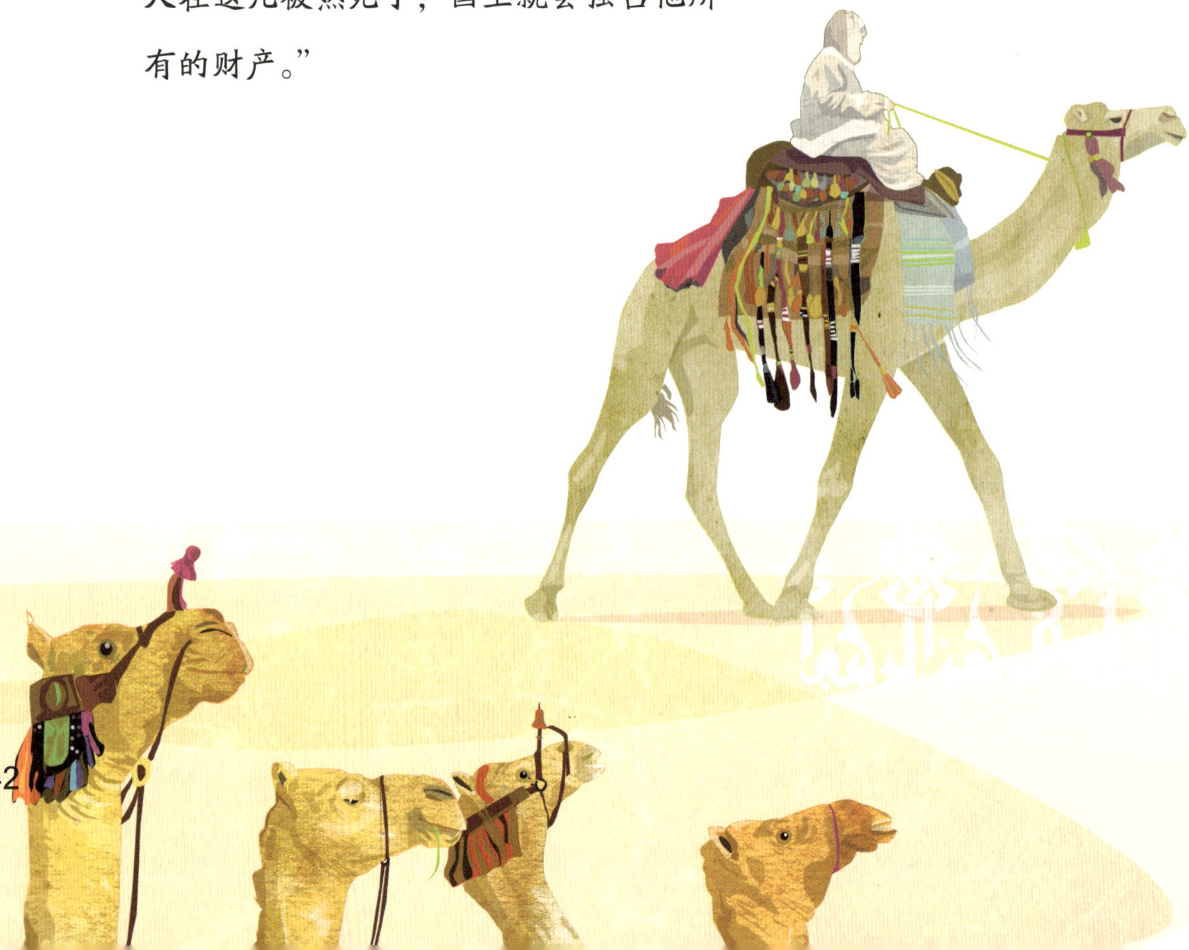

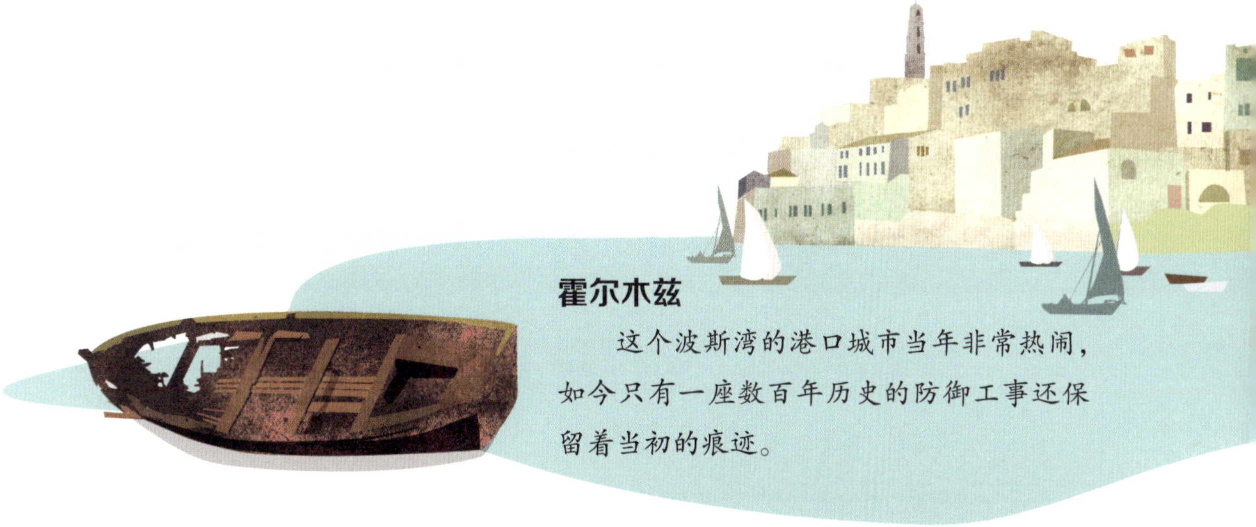

霍尔木兹

这个波斯湾的港口城市当年非常热闹，如今只有一座数百年历史的防御工事还保留着当初的痕迹。

半个钟头后，马可看到他的父亲和叔叔从霍尔木兹的人群中冒了出来。“我们不能搭乘这些船，它们太危险了，船上的木板都是椰棕的，只用绳子绑着。尽管这些绳子耐海水，但是在遇到暴风雨时还是很容易断裂。”马泰奥说道，“路上时常会有暴风雨，所以我们不能搭乘这些船，这样太危险了。”

“恐怕我们要走陆路去中国了，”尼科洛解释说，“尽管走陆路的时间长，但是比起乘这种船，会更加安全。我们必须尽快折回，然后沿着兴都库什山脉从商队栈道前往中国。”

“我们得再补充些干粮和水，也许我们还能买些便宜的珍珠，”马泰奥想了想说道，“我们得找一支商队同行，因为我们要用八天的时间穿过卢特沙漠，那里可是一滴水都没有。如果我们能跟其他的商队一起走，会保险些。”这三个威尼斯人跨上他们的马向北边折回去，很快消失在城市的街道上。

在兴都库什患病

他们连续几个月都是在马背上度过的。霍尔木兹和它的椰棕帆船已经离他们很远了。穿过了波斯的卢特沙漠，马可他们现在人在阿富汗。他们一路遇见过很多商队。

他们穿过人烟稀少的干旱地区，那里的水都是苦涩的。然后，他们终于来到一片人口聚集的地区。在阿富汗的西伯尔罕地区，马可品尝了那里的瓜。“这是世界上最好吃的瓜！”马可开心地记录道。这里的居民都在自己的房子前晾晒瓜片，这些瓜片可以保存很久，而且比蜜还甜。

几天后，他们穿过了阿富汗北部的巴尔赫。从前，巴尔赫是个美丽而繁荣的城市，这里的宫殿和房子都由大理石建成，后来，成吉思汗攻陷了这里，战争使得生灵涂炭。现在，过去半个世纪了，这里还散落着残砖断瓦。大理石碎片堆成了几米高的瓦砾山，宫殿已成了废墟。

马可他们继续向东北方向行进，有很长一段时间他们没看到任何人。原来这里的居民都逃到了山里，因为附近经常有强盗出没。马可他们又行进到了伊利汗国和波斯的边界，这儿经常发生战争。

这片地区对于马可他们来说是十分危险的。

在旅途中，马可听说了波斯刺客的故事。

从前有一个人，人们称他为“山中长老”，他住在一片河谷里，那里有美丽的花园、富丽堂皇的别墅和宫殿，聚集着来自世界各地的很多

逃亡者，四处流淌着美酒、蜂蜜和牛奶，还有漂亮的年轻女子，她们弹琴，唱歌、跳舞。那里是一个人间天堂。

这个老人给河谷外的年轻人喝下让他们沉睡的饮料，然后，把他们带到自己的花园。当这些年轻人醒来的时候，他们觉得自己好像在天堂一样，尽情享受着那里的一切。山中长老在策划一次刺杀前，他会让一个年轻人再次喝下沉睡之水，然后抬出宫殿，送离那个花园，并告知他只有杀了某个人之后，才能重新回到花园。这个年轻人在突然离开花园之后，不能适应人间的不幸，所以他会拼死一搏，完成使命。通过这种方式，山中长老要刺杀的人基本没有能活命的。

但是旭烈兀汗围攻了3年，最终踏平了那片谷地，山中长老也死在了战斗当中。最终山中长老和他的刺客们消失在历史长河中。

阿萨辛派

马可·波罗所叙述的刺客组织，即历史上著名的阿萨辛派，中国古籍称之为木刺夷，他们活跃在里海南岸山区，常常进行政治刺杀活动。

这三个威尼斯人继续向东方前行，他们沿着兴都库什山脉，在4千米高的山峰上行走，雪在阳光的照耀下很刺眼。那里有巨大的盐山，人们用铁锹开采盐矿。当地伊什卡希姆人住的地洞让马可感到不可思议。在阿富汗东北部的巴达赫尚，马可看到，寻找红宝石的人在岩石上凿出了深深的通道。马可吃着羊肉串和混合着洋桃、香料、开心果、洋葱与橘子皮的炒饭，看着牛油和驴子油燃烧出的熊熊烈火。

马可好奇地看着巴达赫尚地区优雅的妇人缝制裤子，当地男人喜欢丰满的女人，所以这里的女士会穿肥大的衣服，假装出丰满的样子。这天，马可的日子可不好过。他浑身疼痛，并且发着高烧。他没办法继续赶路了，他们只能暂停行程。马可的病情反反复复，不见好转。“我们得在这儿待上好几个星期了。”尼科洛把一块湿毛巾放到了马可的头上。如果马可稍微好些的话，他就会去钓鱼或者听其他旅行者讲异域的故事。除此之外，他还学习了波斯语和蒙古语。

马可一直不见好，尼科洛和马泰奥开始怀疑是不是其他原因导致他生病。有一天，当地人给他们想了一个主意：带马可去趟高原，那儿有

青绿的草原和干净的清泉，以及新鲜的空气，可以治愈很多疾病。马可去了之后，果然好多了，高烧也退了！整整一年，马可才痊愈。他现在已经足够强壮，可以去面对一次危险的旅行：跨越帕米尔高原。

沿着丝绸之路

商队顺着狭窄的小路缓慢地往上挪动。他们把行李放在骆驼背上，骆驼晃晃悠悠地顺着盘山路前行。路边就是陡峭的万丈深渊。只要走错一步，就很有可能掉进深渊。领路的那个人十分紧张，一句闲话都不说。在这陡峭的山路上，马可甚至能清晰地听到他父亲的喘息声。

山上光秃秃的。他们爬到了 3700 米的高度，那里连灌木丛都没有，山也是灰突突的，从山上可以眺望到远处的冰山。

山上气温很低，空气也很稀薄，马可的心跳越来越快，呼吸很不顺畅，每走一步都很困难。夜幕降临，他们找了一个露营的地方，点燃了火堆，但火焰明显没有在河谷那么旺了，没办法，只能凑合着煮点儿东西吃。

他们一直往上爬，到达了高原地带，这里有丰富的水源，一条宽阔的河流滋润着两岸的草原，肥美的青草一直铺向远方，他们的到来惊扰了几只正在惬意地嚼着青草的野山羊。他们花了 12 天时间穿过帕米尔高原。随后，他们又花了 1 个月的时间，翻山越岭到达了喀什噶尔（今喀什）。这一路可真是不容易，他们钻过长满刺的灌木丛，提心吊胆地攀过结冰的山路，这天寒地冻的，连动物都要钻到雪下去寻找食物。更为艰难的是，面对结冰的河道，驼队根本无法前行，走在上面会打滑，但事在人为，一切困难总有办法解决，他们在冰面上撒了一些沙子和灰土，这样骆驼就可以沿着沙路顺利前行了。

丝绸之路

早在罗马帝国时期，中国的丝绸就顺着商路被运往罗马。丝绸之路也开始成为东西方之间贸易往来的重要通道。然而，随着 15 世纪以来新航路的开辟，丝绸之路在地理大发现时代开始冷清起来，渐渐丧失了原本在贸易中的地位。

到达喀什噶尔之后，一切都好转了，天气变得暖和起来，路边青草围绕，终于有了村落，村里种满了葡萄、棉花等作物，孩子的打闹声，村妇厨房里的锅碗碰撞声，砰砰的关门声，马可觉得这一切好亲切，真

塔克拉玛干沙漠

塔克拉玛干沙漠是世界第二大流动沙漠，被认为是地球上最危险的地域之一。1895年，欧洲探险家斯文·赫定在横穿塔克拉玛干沙漠时，几乎丧命。长期以来，人们都认为塔克拉玛干沙漠是不可通行的。那里昼夜温差很大，夏天白天的温度有时会高达62℃，夜晚则会骤降至12℃。

是久违了！

他们踏上丝绸之路也好些时候了，沿途遇见了很多商人，有的是从中国去往波斯，他们的牦牛身上载满了丝绸、皮草、茶叶和镜子，有的是和他们同一方向，去往中国，他们的骆驼和马骡身上驮的是玻璃、细麻布、金器和琥珀。

从喀什噶尔开始，丝绸之路便顺着塔克拉玛干沙漠延伸。马可他们走的是沙漠边缘的绿洲区域。但有的时候，他们还是得花好几天，踏过厚厚的沙土。

戈壁幽灵

戈壁沙漠是世界第五大沙漠，这里当然是没有幽灵的。很可能是因为怒吼般的风声、刺眼的光照和高温导致旅行者产生了幻觉。

如果塔克拉玛干沙漠扬起沙尘暴的话，商队就必须歇脚。

这时从很远的地方就可以听见风暴的怒吼声。很快，沙子就像尖刀一般刮着人脸，天空开始变得阴沉，小石子都被卷进空气当中。这时候穿越沙漠会有生命危险。

不过，马可他们的运气倒是不错。在他们穿过塔克拉玛干沙漠的旅程中，天气都还不错。不久之后，他们来到了戈壁沙漠边上。为了恢复体力，顺利穿越戈壁沙漠，商队休息了整整一周。

当地人警告他们：小心，别在路上打瞌睡，如果你落伍了，就会有幽灵来魅惑你，呼喊你的名字，你如果跟着他们走了，就会迷失在茫茫沙漠中，最终渴死。

马可他们在戈壁沙漠走了 1 个月，他们穿过山峰，爬过岩石，渡过河谷。中午，他们会找一些枯萎的灌木丛，借着阴影来遮挡烈日的炙烤。每隔一段距离就会有淡水水源，旅行者会带着他们的牲畜去饮水，并把它们的水袋灌得满满的。

不久之后，他们来到了忽必烈统治下的肃州（今甘肃境内）。他们在这里给忽必烈写了一封信，希望获取通关文书以继续他们的旅行。

几个月过去了，依然杳无音信。马可也已经 20 岁了，为了打发时

间，他游历了整个甘肃省，参观了道观和供有佛像的寺庙，并去了很多中国的城市。整整一年后，大汗的使臣才姗姗来迟，这三个威尼斯人总算可以继续前行了，使臣沿途跟随并保护他们。忽必烈在自己的宫殿等着他们。马可、尼科洛和马泰奥在历经四年的跋山涉水后，总算要在这个古老的东方帝国开始履行自己的使命。

在中国的
17年

在大汗的皇宫中

“请起身吧！”忽必烈说道。

马可、尼科洛和马泰奥向中国的最高统治者行完礼，站了起来。忽必烈坐在皇位上，他两旁坐着一些达官贵人：有蒙古人、土耳其人和其他各色人种。整个大殿的墙壁都被镶成了金色。

从7月到8月，忽必烈住在帝国东北部的一个城市里，那里的宫殿周围有高高的围墙保护着大汗。除此之外，忽必烈的手下每年会在那里建一座竹楼作为夏季府邸。马可曾经根据使者的描述想象过这个房子的样子，但是在真正见到之后，马可还是被它的金碧辉煌震撼了：闪闪

发光的柱子，雕刻着缠绕着金龙纹的桌案。墙壁也是金光熠熠。

忽必烈用他杏仁般的棕色眼睛望着这三个威尼斯人。“你们过得怎么样？旅途是否顺畅？”他问道。这位大汗已经 60 岁了，但是精神依然很好，面色红润，神采奕奕。

“我们很好，”尼科洛说道，“大汗，我们现在健健康康地站在您面前。”

“我可以把教皇的信递交给您吗？”马泰奥询问道。忽必烈点了点头，浏览了信件之后，再次看向这三个商人。他没有问为什么那 100 名学者没有跟着一起来。尼科洛和马泰奥将那瓶从耶路撒冷带来的无价灯油交到了忽必烈手里。“非常感谢，”忽必烈说完，把目光转向马可，“我亲爱的威尼斯客人，请告诉我，你们当中这个年纪最小的年轻人是谁？”

“尊敬的大汗，”尼科洛回答说，“他叫马可，是我的儿子，我们愿意为您效劳。”

“非常欢迎，”忽必烈点了点头，“我很喜欢他。”

他停顿了一会儿后，继续说道：“你们的敬意我已感受到，你们是我最尊贵的客人，你们跋山涉水来到这里，现在一定很累吧！我为你们准备了舒适的房子，让我的仆人带你们去休息吧！”马可、尼科洛和马泰奥表达了谢意，离开了大厅。他们十分高兴，总算可以在一个地方长期落脚，好好休息一下了。马可急切地想要了解这里的一切：他想要知道，中国人如何生活，如何做生意，他还想学习他们的语言。

祖谱

- 成吉思汗 1162—1227
  - 术赤 1177—1225
    - 拔都 约 1209—1256
    - 别儿哥 ?—1267
  - 察合台 ?—1241
  - 窝阔台 1186—1241
    - 贵由 1206—1248
  - 拖雷 1193—1232
    - 蒙哥 1209—1259
    - 旭烈兀 建伊利汗国 第一任伊利汗国可汗 1217—1265
    - 忽必烈 建元朝 1215—1294
    - 阿里不哥 约 1219—1266

“马可·波罗先生不仅是一位出色的大使，还是一位细心的观察者和优秀的记录者。”

他想知道，当时世界上最有权势的人——成吉思汗的孙子，也就是中国的最高统治者忽必烈，如何统治他的国家。

波罗一家在忽必烈的宫殿待了好几个星期。这儿地处北方，就算是夏季，天气也十分宜人。马可在花园里绕着大汗的竹楼散步，喷泉和溪流发出潺潺的水流声，麋鹿和梅花鹿在园子里闲庭信步，它们已经不怕人类的脚步声了。有时候，忽必烈也会站在竹楼上观察他的动物们。马可参观了忽必烈的养马场，里面养着强壮的良马。一个养马的少年告诉他，这里的马奶只提供给皇族成员。

当时中国对欧洲的影响

在古代，欧洲人对中国知之甚少。对于罗马人来说，中国就是给他们送来丝绸的地方。直到13世纪，蒙古大军燃起了欧洲人的好奇心。但是，他们只关心自己能不能把蒙古人变成基督徒，或者那些人能不能在自己与敌国的战争中提供帮助。大多数人跟从前一样对中国一无所知。直到《马可·波罗游记》问世，欧洲人才更多地了解到中国的情况。

马可还发现了一件不可思议的事：除了妻子，大汗还有数不清的“情人”。这些女人被称为“妃子”，每个都拥有自己的宫殿，还有近千名仆人可供差遣。大汗最大的儿子真金已经去世，给他留下了一个孙子铁穆耳。铁穆耳被认为是皇位的继承者，马可他们第一次会见忽必烈时，铁穆耳就坐在旁边。

忽必烈跟威尼斯水手口中的那些可怕的蒙古人完全不一样。马可听说，在农作物歉收的时候，他会帮助穷人，给他们提供粮食，不让他们饿着肚子，还会发放来年的粮食种子。更值得赞美的是，与欧洲统治者不一样，忽必烈对待外国宗教的态度十分开明。

1275 年夏末，忽必烈的宫殿开始忙碌起来。下人们都开始收拾行囊，因为 8 月 28 日大汗会带着他的妃子和臣子离开夏季行宫。成队的马车、随从在城墙边整装待发，等待着出发的号角吹响。要出发了！大汗在占卜师的指引下将马奶酒用手指弹向空中，又洒向脚下的大地，以此让神灵饱饮一番，从而令它们继续守护帝国的土地。

出发了！队伍浩浩荡荡地向南行进，马可、尼科洛和马泰奥也在其中。他们将和忽必烈一同前往帝国的心脏——大都。马可很兴奋，据说那是一座气势恢宏的城市，比威尼斯要大很多。

大都和皇家狩猎

过了那座 90 米高的山丘就到大都了。忽必烈派人修整了这个山丘，种上了来自全国各地的树木。山顶上隐隐有一座宫殿，那也是一座行宫。

距离大都越来越近，路上的马车也渐渐多起来，车上装满了来自各地的香料、丝绸和价值连城的金银珠宝。路上是宏伟的府宅和供远方商贩歇脚的客栈。到处都可以看到工人在造房子，城市似乎还在不断扩大。

有超过 100 万人居住在大都，而马可的故乡，欧洲的第三大城市——威尼斯只有几万人，跟大都相比，马可的家乡就像是一个村庄。

过了城墙之后，真正走进了大都，街道又宽又直，整个城市也是方形的，而威尼斯则布满弯弯曲曲的狭窄巷道，与大都很不相同。达官贵人的府邸、客栈挤满了整个宽敞的街道。在他们到达大都的前几日，马可、尼科洛和马泰奥一直在收集着关于这个东方城市的信息。

马可尝试了陌生的饮食，比如米酒，还有很辣的食物。他第一次看到有人用硬煤生火，这在欧洲还鲜为人知。马可在他的记事本上写道："这种东西燃烧的时间比木炭要长。"

不久之后，马可可以独自应付这个大城市了。他知道，如果市中心钟楼的钟被敲响，就意味着他必须尽快回到他的居住地，钟响过三声后，人们不再被允许离开自己的屋子，这被称为"宵禁"。

马可参观忽必烈在城中心的皇宫：方形城墙和城垛用白色石头筑起，在城墙的每个角落里都有一座精心装饰的建筑，里面贮藏着大汗的武器。

城墙里还有一圈方形的城墙，在这座城墙的中央有座宫殿，那是大汗待的地方。整座城金碧辉煌，红色、绿色、蓝色和黄色漆成的屋顶交映穿插。金色和银色的墙壁在阳光照耀下熠熠生辉，带有绘画装饰的天花板庄严典雅。宽敞的主厅可容纳 6000 人。两座城墙之间是长长的绿化带，里面有葱郁的草坪和茂盛的树木，还饲养了麋鹿、小鹿、松鼠和其他小动物，池塘里各种不同的鱼类在穿梭，真是妙极了！忽必烈可以随时选择想吃的鱼，让御厨做给他吃。

马可还看到皇宫门口常常有很多穷苦人在乞讨。

9 月 28 日，马可、尼科洛和马泰奥受邀参加忽必烈的盛大生日庆典，这是一次举国盛会。除了他们，还有数千人受邀参加。这天，忽必烈穿了一件金线绣的长袍，12000 名皇亲国戚和骑兵守卫环绕着他，他们都穿着用丝绸制成的昂贵衣服。

“世界上没有一个国家的城市像大都一样有如此多的罕见商品。”

庆典开始了，锣鼓喧嚣，烛火盈室，酒香弥漫。马可看到了不同宗教的信徒，他们都在祝愿大汗福寿无疆。

随后，所有人都加入到这个热闹的庆典中。忽必烈站在大殿上，他旁边坐着皇后和他的儿孙。殿内有许多客人，他们席地而坐，面前的席子上摆放着美酒佳肴。在宴会大厅之外还聚集了 40000 名宾客，他们都带着贺礼而来。忽必烈举起金色的酒杯，所有人都下跪祈福。

晚宴过后，要表演节目了！仆人将席子撤下，腾空了大殿中央。歌姬和魔术表演者陆续进入大厅，歌舞节目一直持续到很晚才结束，马可非常累，回到住所后，他直接躺在床上呼呼大睡了。

第二年春天，马可得到了一个恩典：被特许陪同大汗参加皇家狩猎！这可是无上荣耀。当树枝冒出绿芽，白天越来越长的时候，大汗就会和他的随从前往大都东南面的地区狩猎。

大汗坐在由 4 头大象承载的皇家轿子里。到了地方之后，随从们搭建了上千个帐篷。大汗下榻的帐篷很精致，有起居室和全用动物皮毛装饰的接待室。大汗饲养了几百只猎鹰来捕猎鹳，还有兔子和麋鹿。马可觉得每一天都是一场盛会。

先进的中国

在马可·波罗生活的时代，中国要比当时的欧洲先进很多：中国人早在公元 11 世纪就开始使用纸币，而欧洲直到几个世纪之后才开始使用纸币。中国在很早之前就开始使用硬煤取暖，而来自威尼斯的马可对此从来没有听说过。甚至当印刷术在中国已经广为人知时，在欧洲，人们还在手抄书籍。

直到五月份，马可才回到大都。他尝试着尽可能多地了解中国各地的风俗，比如，这里的人在做大事之前，习惯询问占卜师的意见；他们还以动物来纪年，例如牛年和龙年。

不仅如此，忽必烈的子民们竟用纸币进行交易，这在欧洲可是闻所未闻。纸是用桑树的树皮制成的。

经常会有商人拜访忽必烈，带来宝石、丝绸和珍珠，忽必烈会给他们对应价值的纸币。为了尽快和父亲、叔叔一起做生意，马可尝试着记住所有纸币的面额。又过了几个月，马可收到了忽必烈使者的传话：大汗要召见他。

第一次出使

马蹄踏在石桥上发出“嗒嗒”的声响，有两个农民吃力地拉着一车水果，一个骑马的人好奇地望着他们。桥下永定河的清水泛着涟漪。桥长 200 多米，底下有 11 个桥洞，两边石栏上端坐着庄严的狮子，它们在静静地守护着这座桥。这座桥就是卢沟桥，在国外也被称为马可·波罗桥，因为马可在他的书里详细记载过它。但是，当时 23 岁的马可在穿过这座桥时完全没有料到这些后事。过了桥之后，路面开始变得尘土飞扬，路边树木逐渐稀疏，阴凉地变少了。大都已经离他 15 公里远了，他现在正在去往中国西南部的路上。他要前往云南北部，这段旅途将花掉他 6 个月的时间，这是他第一次离开父亲和叔叔独自旅行。

是忽必烈派他去的。“你已经学习了足够多的东西，”忽必烈接待马可时对他说道，“现在到了学以致用的时刻了。你替我去一个遥远的地方巡视一番。等你回来的时候，向我汇报你的所见所闻。”

忽必烈给了马可一封公函，可以让他在供使臣居住的驿站内休息。那里有漂亮的丝质床单、温暖的炉火，还有鸡肉、鱼肉粉丝汤可以享用。

有了这封公函，马可可以在途中的驿站更换他的马匹。与和尼科洛及马泰奥来中国的旅途相比，这次的旅行要舒服且安全得多。

旅途中，他发现自己对中国还是知之甚少。尽管他来中国已有一年多，但对他来说，大都以外的地方还是陌生的，充满了异域色彩。在有些地方，人们会吃生鸡肉和牛肉。还有的地方，男人会用金饰来装饰牙齿。他离大都越远，外面的世界就越让他感到惊奇。

马可穿过城市和乡镇，路过葡萄园、生姜园和桑树林。在桑树林，马可看到了人们养着一种神奇的虫子——蚕，据说能用它的丝做丝绸，真是不可思议！马可来到了宽阔的黄河边，岸边有许多鸟在叽叽喳喳地叫唤，高大的竹子在风中摇曳，沙沙作响。这里是一望无际的平原，农民住在用稻草和泥土筑成的房子里。人们对待他这个陌生的欧洲人十分礼貌友好。

马可越过了秦岭，来到了一片谷地，这里的河流最终将汇入长江。他看见了老虎、小鳄鱼、巨蟒、猞猁，还发现了熊的脚印。之后，他来到了四川，这里的河流都是西藏地区的积雪融化汇聚而成。在那里，他品尝了香喷喷的烤鸭，仔细研究了藏民们制作的皮具。有时，河谷里会传来噼里啪啦的爆竹声，这是当地人为了驱赶猛兽，将竹子折断堆在一起点燃发出的声音。马可也受到连累，因为他的马总是被这刺耳的声音吓到。

最终马可来到了长江边，它像海一样宽，在岸边可以闻到湿土的味道，巨大的船只在长江上行驶，开向大海。马可还闻到了肉桂树酸甜的香气。他发现，这里的居民还在用贝壳作为货币。

几个月后，他又回到了大都。他要去觐见大汗，汇报成果，还有许多人和他一样在殿外，等待被接见。

马可听到侍者的传唤声，立马换上皮质拖鞋，走进了忽必烈所在的大殿。早晨马可出发前，特地带上了他的白色皮质拖鞋，因为觐见时得穿这种鞋，以免踩坏大殿里的丝质地毯。马可向忽必烈行了礼，将他在旅行当中的所见所闻一一道来。当然，他也不是在说故事，因为他知道对方想听什么。

忽必烈认真地听他讲着。有时，他会把目光投向窗外，若有所思，然后又微笑地看着马可，鼓励他继续。等马可汇报结束，他看看马可，又看了看其他的群臣说："如果这个年轻人年纪再大一些，他将是一个非常优秀的人。"马可向大汗致谢，他知道自己通过了大汗的测试。

"我将封你为使臣，"大汗说道，"以后你将替我出使各国。"

条条大路通大都

马可在这个当时世界上最有权势的统治者的皇宫里任职了 17 年。他的大多数时间都在路上，大汗派他去了很多地方，大汗想了解他统治的领土上的风土人情，还有他们对于蒙古人的统治有何看法，特别是在刚刚占领的原南宋王朝区域，人们的心情又是怎样的。

有时候马可独自旅行，有时候他的父亲和叔叔会跟着他一起，他们早就开始在中国做起了生意，为了能够风光地回到威尼斯，他们打算好好利用这里的赚钱机会。如果马可有机会的话，他也会做一些宝石、布料和香料生意。

在中国的这么多年，他走遍了大汗的整个帝国：干旱的北方、湿热的南方。他还看到了越南的使臣，他们长路迢迢带来大象和沉香作为赋税，进贡给大汗。其实，马可也到过越南北部，那里的人在自己的皮肤上画上狮子、龙和鸟，他们认为这些动物是神圣、高贵的。在中国重要的港口广州，满载的货船进进出出，马可坐在茶楼上品尝着木瓜和荔枝，惊叹着眼前的景象，不过，对于邻座餐桌上的狗肉，马可有点儿反胃。

马可·波罗真的来过中国吗？

由于马可·波罗后来在他的书里既没有提到著名的万里长城，也没有提到中国的文字和筷子，因此，有些学者怀疑他是否真的来过中国。一些人认为，他最远只到了黑海，听了别人对中国的描述，然后记录在了自己的书里。但是，马可·波罗始终用商人的眼光来看待陌生的地区。他关心的是，他们在那里能买什么，从一个地方到另一个地方需要花费多长时间，人们有哪些风俗习惯。他对于建筑或者文字并不感兴趣。他没有提到中国的万里长城，并不意味着他没有亲眼看到过长城。

“这些人吃各种动物的肉，包括一些奇奇怪怪的动物。”

马可晃晃悠悠、不紧不慢地朝着大都前进，欣赏着沿途的绿柳杨堤，但是，总会有急促的跑步声和丁零零的铃铛声打破沿途的宁静，这些速度飞快的人是帝国的信使，他们每个人腰上都系了一个铃铛，这样，在他们到达下一个驿站前，接力的信使听到铃铛声，就会提前做准备。原本需要花掉马可十天的路程，这些信使日夜兼程，一天就跑完了。

1284 年，马可出海去锡兰，那是位于印度东南方向的一个岛屿，后来人们将它称为斯里兰卡。那也是一个神奇而又美丽的地方，听说那里有一座巨大的宫殿，房顶是用纯金打造的，地板也是用金条铺成的，还贮藏着无数奇珍异宝。

佛教

佛教起源于约 2500 年前的印度。现在，佛教是世界三大宗教之一。大多数的信奉者生活在东亚和南亚，如中国、日本和泰国，在欧洲各国和美国也有人信奉佛教。

锡兰以宝石著名：那里有闪闪发光的蓝宝石和质地醇厚的红宝石。马可对佛教很感兴趣，登上了圣山，圣山很高，仿佛一根柱子直直插入天空。传说，山顶可以看到佛祖的脚印，所以很多佛教徒都来这里参拜。

马可还听了许多关于佛祖的故事：人们说佛祖原是一位富裕王国的王子。有一天，他骑着马离开宫殿，在他的生命里第一次看到了死人、乞讨的老人和垂死的病人。他意识到，他以往所过的那种奢侈的生活简直是罪过，于是他决定离开王宫，要找到一条路，把人们从苦痛中救赎出来。他去了一座鲜有人迹的深山，在那里修行，过着朴素和清苦的日子。终有一天，他变成了一个有智慧的人，参悟了人世的苦痛，创立了佛教。

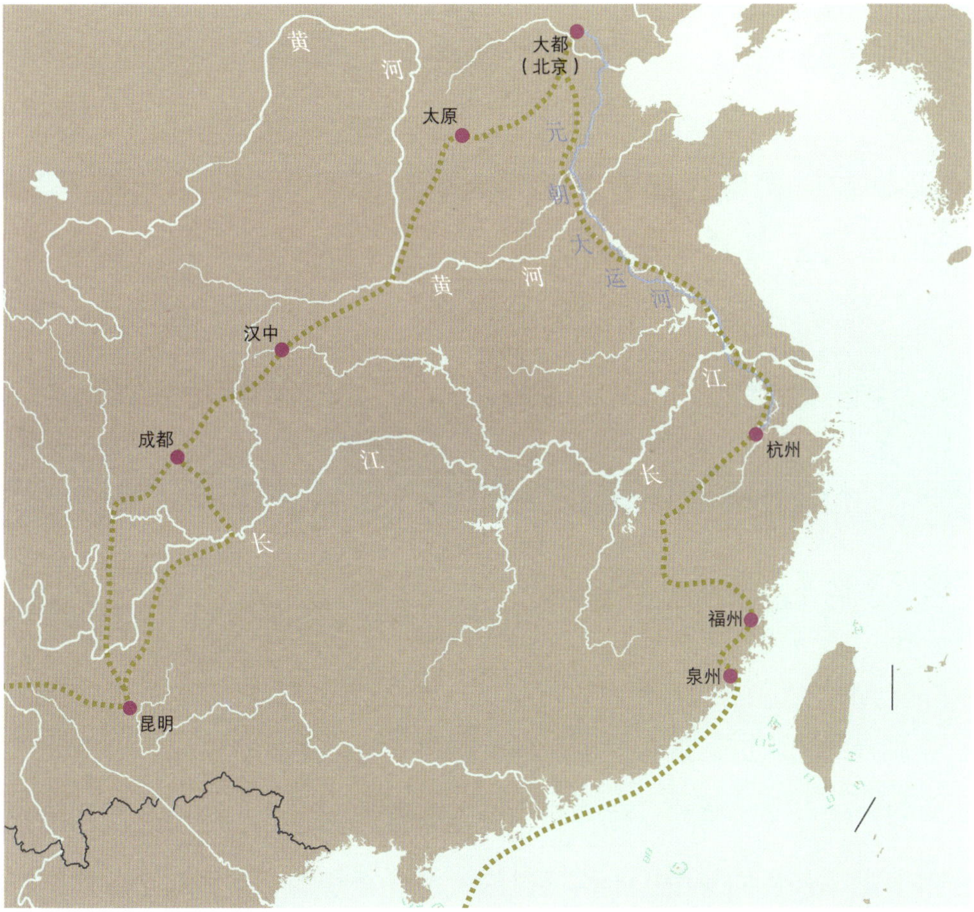

马可·波罗在元世祖时期的中国的旅行

马可还去过杭州很多次，这个位于中国南方的城市，是他最喜欢的地方。杭州总让他想到威尼斯：河流穿城而过，城内架着许许多多大大小小的桥。这里的房屋都是由木头和竹子建成的。在这座城市的南边有一个湖，湖岸上有一个气派的园林。①

① 杭州的西湖位于城市西部，马可的记录或许有误。——译注

“杭州是世界上最壮观的城市。”

咸咸的风吹过，这味道也让马可想到了威尼斯。

离家太久了，马可、尼科洛和马泰奥打算回家。马可的父亲和叔叔已经长出了灰色的长发，他们通过做生意已经变得非常富有了。他们打算带着这些财富回到家乡，安享晚年。马可也已经 37 岁了，当他骑马路过水道纵横的稻田时，十分想念意大利。

但是，大汗不愿意让他们走。他年纪越大，越觉得自己孤独。他总是说：“我非常喜欢你们，我很想把你们留在身边，这样我就永远不会和你们告别了。”

然而，人总有一天要回到家乡。

与大汗告别

这一年是 1291 年，马可骑着马进入了大都，他刚刚从印度回来。在他上次出行的时候，大汗再次拒绝了这 3 个威尼斯人回家的提议。忽必烈此时已经 76 岁了，这 3 个威尼斯人有些担心，他死后，整个帝国将会分崩离析，发生大的骚乱，到那时再启程回欧洲，一路都将十分危险。

跟往常一样，马可回到大都后向大汗汇报完见闻，就请求大汗让他回家乡。这次，尼科洛和马泰奥一同穿着白色拖鞋进入了大汗的会客厅。

“请走近一些，我亲爱的威尼斯使臣。我有任务给你们，”大汗说道，他的声音听起来很疲惫，这可跟马可 17 年前认识的那个强壮有力的男人不一样了，“你们替我回一趟西方。”马可、尼科洛和马泰奥彼此对视一眼，难掩心中喜悦。

“在西边的伊利汗国，统治者阿鲁浑的妻子已经去世，”忽必烈说道，“阿鲁浑的王后在临终前嘱咐他的丈夫，要娶卜鲁罕部的女子为妻。阿鲁浑请求我给他选一名妻子。”

大汗沉默了一会，继续说道：“我选择了阔阔真，她今年 17 岁，长得非常漂亮，我曾派随从把她送往西方。”

“但是他们出发了 8 个月后，又回到了大都。因为需要途径的国家之间爆发了战争，前往波斯的道路被阻断了。”大汗意味深长地看着马可，“我决定，把她从水路送过去。你们非常了解海运。马可，你刚刚从印度回来，你熟悉路线和大海的情况，我需要你们护送阔阔真公主。”

大汗坐到了自己皇位上。“和你们告别，我的内心非常沉重。”大汗给马可他们两块金牌，这可以保证他们在整个帝国的住宿和膳食。“另外，我给你们一封信，请你们交给教皇和其他欧洲国家的统治者。”

尼科洛回答说：“大汗，请您放心。我们会把阔阔真公主安全送到伊利汗国，完成您交给我们的任务。”

马可补充道：“跟您和这儿的一切告别，让我们也感到很沉重。”“走吧，我亲爱的使臣。你们要收拾的东西还有很多。”大汗说道。马可、尼科洛和马泰奥鞠躬行礼，离开了会客厅。他们可以回家了，这将又是一段漫长的跋涉。但是，如果一切顺利的话，他们将在 3 年后再次回到威尼斯，他们将再次看到圣马可广场和商贩们的大帆船。他们将在马可家族的木质餐桌上讲述在忽必烈大汗皇宫里的生活。

回程

“船队出发时天气很好。马可眼看着自己离中国的陆地越来越远。这是他生活并工作了 17 年的地方，他已经完全适应了这里的食物、风俗和语言。”

启程回欧洲

在 8 月闷热的一天，经过几个月的旅程，波罗一家、阔阔真公主和上百个随从人员来到了港口城市广州。在这座城市里可以看到阿拉伯人，海岸附近还有不少清真寺。在这里的市场上可以闻到弥漫在大街小巷里的胡椒、肉桂和肉豆蔻香味。大汗为他们安排了 14 艘船，帆船都停在港口。所有的帆船都配备了长桨和 200 名水手，以及够他们使用两年的储备。

马可曾从广州出发去过印度。他们将沿着老路走：穿过中国南海，经过苏门答腊，再沿着西印度海岸穿过印度洋，最终到达波斯湾的霍尔木兹。

在中国，人们还是把他当作陌生的欧洲人，在船上，偶尔还是有人用好奇的眼神望着他。

天气好的时候，他们还能偶尔看到中国的海岸。但是，越过大洋之后，他们就发现大汗的势力不再像在中国那么强大了。

马可在甲板上散步，观察着这支船队。中国的帆船要比威尼斯船先进，更不用说当时他们在霍尔木兹看到的那些摇摇晃晃的印度船。中国人在船里建造了防水的隔间，因此，当船碰到礁石的时候，整个船不会完全灌满水。在欧洲，这种防水的隔板在几百年之后才出现。

马可享受着海上的微风，在炎热的夏天，这给他带来了丝丝凉意。他想念威尼斯，想念阿姨、叔叔和朋友。他很期待回家，他在想，他们会变成什么样呢？他的亲戚们还能认得出他吗？他们都还活着吗？威尼斯有变化吗？

回家之路道阻且长，接下来的旅途才是他要担心的。无疑，这将是一次充满危险的行动。夏季海上常常有暴风雨，可能会吹翻他们的帆船。到了冬季，季风也很强烈，但是和夏季季风方向不同，如果不时刻观察、及时调整，他们就会被这些大风来来回回摆弄。而且在印度的海岸边还活跃着很多海盗，这些家伙对于猎物早就翘首以盼。

他们回到波斯可能要花一到两年或者更长时间，如果风浪太大，他们可能需要在陌生的港口停留几个月，直到海面平静才能重新启程。在这次旅程中，马可将踏足许多偏远的地方。

前往苏门答腊的5个月

他们远远看见了海岸线，远处丛林密布，风吹过，林子里窸窸窣窣的声音随之传来。

他们要在这里登陆了。很多天以来，海上的暴风雨不断袭击着他们。巨大的海浪和风已经把不少人从甲板上卷入水中。现在继续航行几乎不可能，如果他们继续前行，大家可能会随船沉入海底。水手们必须找个海湾停靠，直到海面再次平静下来。就算在岸上，强风也能将大树连根拔起，许多树现在还躺在沙滩上。

船长决定在苏门答腊进行休整，他们担心会在那里待好几个星期。马可之前出使来过这儿，对这个岛还比较熟悉，他知道尽管苏门答腊王国已经臣服于大汗，时不时地会向大都进贡大象和犀牛，但是，只有他们想进贡的时候才会进贡，因为苏门答腊距离大都很远，大汗也鞭长莫及。

马可想起几年前他来这儿的情景，他们曾为了帮大汗带回芦荟和乌木来过这里。那时，马可听说过，这座岛上有很多危险的生物，有吃人的怪兽，还有长尾巴的野人。想到这里，他不禁又打了个寒战。

他们停靠在岸边。巨浪猛烈地拍打着海滩，船也在海浪的推搡下摇摇晃晃。

经过这一路的摇晃，等马可他们到达海岸的时候，腿都软了，他们下了船，顺着海滩舒缓了一会儿。空气里弥漫着淡淡的青草香和香甜的

花朵香。他们警惕地观察着丛林，总感觉有东西在动，有时候还隐约看见一个黑影出现在树后面。

“我们应该建一个宿营地，”马可建议道，“这儿有足够的木材。”

“是的，”一个随行人员说道，“我们去弄些木材过来，这样就能搭建自己的营地，当吃人怪兽来的时候，我们才能保护自己。”

“我觉得这个建议可取，”另一个忽必烈的使臣也表示赞同，“通知大家一声，一起行动起来吧。”

经过几个星期的努力，他们建造了一个大型宿营地，可以容纳船上的 2000 名随行人员，这样才能更好地保护阔阔真公主。这儿经常下雨，而且都是瓢泼大雨，当热带大雨来临时，只需几秒就会被淋得浑身湿透。

他们安营扎寨之后，马可开始深入岛的腹地。

他边走边观察周围的环境，椰子树在这个季节已经硕果累累，挂满了椰子。远处传来大象圆号般的叫声，有时，他的脚步声还会惊动森林里的猴子，它们翻跃几下，消失在丛林里。

几周后，他融入当地人群中。起初，他们有些畏惧，但是几次交流之后，开始彼此熟

悉。当地人给陌生的客人送来了大米和水果。马可仔细观察着当地人的生活，看他们如何酿制棕榈酒，听他们讲山顶野人的故事，很可惜他没亲眼见过这种生物。另外，他还发现当地人竟然把人叫作“猴人”。

马可带走了一些红木种子，他打算把它们带回威尼斯，然而，这些种子在威尼斯偏冷的气候下并不能发芽。

5 个月后，天气开始好转，灰色的云层开始慢慢消散，海面也变得平静下来，他们总算能够继续前行了。他们花了好些时间才收拾好所有的行囊，让 2000 人统统上船。船慢慢驶离岸边，当地人站在岸上，向他们挥手。

船慢慢远离海岸，驶向下一个目的地——印度。

苏门答腊岛

苏门答腊岛现在属于印度尼西亚，是世界第六大岛屿。在苏门答腊岛上，有很多火山，东边是一片低平的沼泽地。赤道横穿苏门答腊岛。那里有着茂密的热带雨林。但是，在过去的 100 年里，那里的森林被大肆砍伐，生物也面临着灭绝的威胁。好在如今开始有恢复的迹象。

神奇国度印度

船一直往北方前进。不久之后，他们将到达印度，马可已经去过好多次，对那里很熟悉。天气很好，马可在甲板上享受着阳光，想着以后的生活，他打算回到家乡后，在威尼斯当个商人。谁知道，他会有这么长时间的一次旅行呢，不知道再回故乡又是怎样一番景象。

远处，隐隐约约能够看到岛屿，海面平静的时候，可以清楚地看到海岸线，还有海岸上随风摇曳的椰子林、丛林密布的高山。

“那是尼科巴群岛，”马可向他的父亲解释道，“那里的男男女女都光着身体，什么都不穿。”

马可他们的船队从这些岛旁驶过。“那里有丰富的檀香和丁香。”马可补充道。

船队慢慢改变方向驶往西方，把这些岛屿留在了身后。接下来，他们要经历狂怒的印度洋暴风雨。

几周之后，他们总算可以看到印度的南海岸了。他们在锡兰短暂停靠，补充食物后，继续前行。

他们在印度港口稍作逗留，把船停在那些从霍尔木兹来的运马的船旁。马可上了岸，之前他受大汗的委托来过这儿，现在，他又踏上这片土地，重温城市的每个角落。

他还记得，第一次看到港口那群光着身体，却非常自然地干活的人们时是何等惊讶。他们仅仅用一块布围住自己的下半身，后来，见了国王才知道，这个地方所有人都这样。

马可站在港口眺望着那些灵活的采珠人。他们驾着渔船穿梭在平静的海面上，从船上跳入水中，潜入海底摸索贝壳，怀着激动的心情撬开贝壳，期待着出现一颗闪亮的珍珠。

看着这些辛勤的人，马可想起了那个老人，他向马可解释，为什么印度人都直接坐在地上：他们把坐在大地上看成是对大地的尊重。“我们从大地而来，总有一天要回归大地。”他在很多年前这样对马可解释道。

“大地应受到足够的尊重。没有人可以轻视大地。”真是一个勤劳、朴实的民族，马可十分欣慰。

马可有些饿了，打算在港口的餐馆里吃点儿饭，他也学着印度人只用右手吃饭。印度人认为左手是不干净的，他们只有在做不干净的事情时才会用到左手。

马可闻着市场上出售的胡椒，尝着蔗糖美酒，看着彩色的鹦鹉。他要记住这一切，这样才能在回到威尼斯之后讲给大家听。

船要开了，马可跳上船。船队将沿着印度西北沿线行驶，前方等待他们的是一处危险的通道，那里潜伏着海盗。他们在海面上来回穿梭，劫掠来往船队以获取钱财。这对阔阔真公主来说是非常危险的，因为海盗经常掳掠船上的女子。马可和船员们必须时刻保持警惕，很多船员和侍从已经在暴风雨中丧生，他们绝对不能再有人员损失了。

与公主告别

霍尔木兹终于出现在地平线上。清真寺的尖塔高高耸入碧蓝的天空。当马可靠近海岸时，风声中掺杂着海浪的拍打声和港口的嘈杂声。

从苏门答腊启程到现在已经过去了 18 个月。这是一次特别的旅行，这可比当初所想的要艰难许多。阔阔真公主远远看着地平线，眼里噙满了泪水，马可也强忍住了眼泪。

出发时船上的 600 名使臣现在只剩下 18 人，阿鲁浑的使臣也只有一个还活着，公主的侍女几乎都死了，船员也所剩无几。暴风雨、海盗，以及疾病将这支庞大的送亲队伍摧残得支离破碎。

船上还弥漫着腐烂尸体的味道，大家还没有完全从恐惧中走出来，因为不久前，谁都可能是下一个患疟疾死亡或者被巨浪卷入海中的人。

剩下的人还要完成大汗的使命，马可、尼科洛和马泰奥已经精疲力竭，尼科洛已经 70 多岁了。

霍尔木兹的空气跟马可他们十多年前来时一样闷热。然而，马可早就适应了这种湿热的高温。

他在亚洲热带地区已经习惯了这种闷热。马可很庆幸，能够健康地再次回到这片土地。海上航行总算告一段落。

阿鲁浑的唯一使臣立刻上岸去打听消息。公主在船上等待着，她坐在阴凉的地方，扇着扇子。对于马可、尼科洛和马泰奥来说，阔阔真公

“当马可他们踏上回家的旅程时，公主流下了悲伤的泪水。”

主已经是他们的好朋友。他们曾共患难，熬过了所有的暴风雨和传染病。“你们对我来说就像亲人一样，”阔阔真对他们说，“跟你们告别让我十分痛心。”

半个小时后，他们看见阿鲁浑的使臣行色匆匆地跑回来。

“有什么消息吗？”马可问道。

“公主，先生们，”他边喊边抹去额上的汗水，“我听到了一个坏消息——阿鲁浑已经去世了。”

阔阔真公主哽咽道：“这一路的辛苦都是徒劳的吗？”

“不用担心，尊敬的公主，”使臣说道。“我们会找到解决办法，我已经给海合都留下了消息。他是阿鲁浑的弟弟，我们须等他的决定。”

阔阔真和合赞

阔阔真跟阿鲁浑去世的妻子一样，来自于卜鲁罕部。在马可他们从中国出发之前，阿鲁浑就去世了。后来，阔阔真嫁给了阿鲁浑的儿子合赞，成为他的妻子。1295 年，合赞推翻了当时的政权，成为伊利汗国的第七任统治者，直到 1304 年去世。

“我们先找地方落脚吃些东西吧！”马可提议道。

几天之后，传来了消息：阔阔真公主将跟阿鲁浑的儿子合赞成亲。接着，他们一行人启程向北出发。

他们把公主带到了统治者海合都身边，他主持了阔阔真和合赞的婚礼。马可他们在海合都的王宫里待了 9 个月后要离开了，统治者赐给他们新的金牌，这将保障他们在伊利汗国的安全。海合都还安排了一队骑兵来保护他们。

当马可、尼科洛和马泰奥跟阔阔真公主告别的时候，这位公主十分伤心，她已经跟这三位威尼斯人结下了深厚的友谊。

旅行接近尾声了，马可、尼科洛和马泰奥听说，从阿卡到威尼斯的那条路不能走了，因为阿卡已经改旗易帜，十字军王国不复存在。新任统治者与来自西方的基督徒水火不容，因此，马可他们无法从阿卡这条路回去。

马可、尼科洛和马泰奥选择了黑海的特拉比松这条路。他们穿过阿塞拜疆、亚美尼亚和格鲁吉亚，越过崇山峻岭，最终来到了黑海海岸。在特拉比松，他们登上了一艘回君士坦丁堡，也就是后来的伊斯坦布尔的船。他们会穿越地中海，航行两个月后，就能回到阔别已久的故乡威尼斯。

现在，马可的眼里满是泪水：在不远处，他仿佛看到了公爵府、圣马可广场、塔楼、威尼斯游艇和威尼斯密集的房屋。

在波斯的时候，马可就听说，忽必烈已经去世。

忽必烈在他离开的时候请求他，回到欧洲后，还要再到中国来。然而，忽必烈已经去世，他曾经统治的帝国也将要开始走向覆灭，前往中国已经是不可能的事了。并且马可也希望，他能在威尼斯度过自己的余生，他现在已经 41 岁了，真的是“少小离家老大回，乡音无改鬓毛衰”了。

他也应该成家了，在家乡做些生意，然后平静地度过这一生。当船只驶入海滩时，马可听到了城市教堂的钟声响起，闻到了果园里清新的青草气息。

他回来了，17 岁离开，24 年过去了，他终于回来了。新的生活开始了。

与热那亚进行海战

当马可、尼科洛和马泰奥到达港口时，所有的亲戚都在那里翘首以盼。连波罗家最年长的人——马可的伯伯，即尼科洛和马泰奥的哥哥也来了。马泰奥的妻子拥抱每个归来的人，马可、尼科洛和马泰奥竟然难以流利地说出威尼斯话，他们说了太久的蒙古语和波斯语。每说一句话之前，马可都要在脑海中反复搜索恰当的词语，他的侄子、侄女就在一旁偷偷笑他。

马可每天穿过他的家乡，在内城的蔬菜市场散步，看着水磨的叶片在河道水里打转，听着小道上马蹄的哒哒声，小心抚摸着圣玛利亚福莫萨教堂里的那棵老无花果树，像个孩子一样静静站在圣马可广场上听水手讲故事，就算是夏天河道里传来的臭气也让他觉得很亲切。跟杭州相比，威尼斯要小得多，也不如杭州气派，但是，月是故乡明，只有这里才让人安心。

前几周，波罗家里总是挤满了人，尤其是年轻人，他们对外面的世界更好奇。马可、尼科洛和马泰奥声情并茂地给这些亲朋好友讲述旅途中的故事，展示自己带回来的红宝石、绿宝石和钻石，这些宝石都是通过缝进衣服里才带回来的。马可现在是个有钱人了。

当马可讲述波斯、中国和忽必烈的故事时，很多人半信半疑。他们觉得这一切都那么不真实，世间真有那么富庶的地方吗？他们把马可的故事戏称为“马可东游记”，因为他们觉得，马可口中的那个中国辽阔、富庶、充满异域风情，这一切都太不可思议了。他们不相信，还有比欧洲好这么多的地方。一段时间过后，人们的兴趣就消退了。马可的生活步入正轨，他开始做生意，成为一个定居的商人，而不再是旅途中的商人。

不久之后，传来了热那亚和威尼斯开战的消息。很久之前，为了争夺地中海东部的统治权，这两座意大利城市就在打仗。1298 年夏末，即马可回来之后的第三年，威尼斯在筹划一场海战，这一次，马可也参与其中。因为他在海上已经积累了丰富的经验，政府就任命他为战船的指挥官。但是，热那亚人比想象中要强大。9 月 6 日，双方在科尔丘拉岛决一死战，热那亚人撞翻了马可的船，指挥官马可·波罗被俘，被关进了热那亚的监狱。

一开始，马可觉得这就是一场噩梦：狱室里还关着比萨人，他们在这儿已被关了 14 年。他们告诉马可，最初很多囚犯都饿死或病死了。现在，监狱的条件变得越来越好，马可算是幸运的。但是热那亚和威尼斯在近期内和好基本不可能，因此，马可出狱也遥遥无期。失之东隅，收之桑榆，一天，一个名叫鲁斯提契洛的作家坐到他旁边，于是这本书里的故事就流传了下来。

结束语

“现在，尊敬的鲁斯提契洛，你知道了我旅行的所有故事。”

“马可·波罗先生，我衷心感谢你。”鲁斯提契洛说道。他摩擦着右手，这个故事他写了一个月，手有些酸疼。

“很荣幸我们通力合作，完成了这部伟大的作品，”鲁斯提契洛继续说道，“现在，威尼斯和热那亚已经停战两个月了。您离释放日不远了。”

马可透过窗户看着外面的盛夏天，他仿佛感受到灼人的日光，是呀，寒冷的冬天已经过去。

交战双方已于 1299 年 5 月 25 日停战，签订了和平协议，马可松了一口气。

“鲁斯提契洛，您在我被囚禁的这段时间里给了我莫大的安慰，”马可握住了鲁斯提契洛的手，“因为您，监狱里的这段生活并不是毫无意义的。”

作家笑了。“可惜，您不在这座城中，热那亚失去了这份荣幸。”每天都有人来监狱听马可的故事。整座城都在流传，有个商人在监狱里，他曾经去过中国。不少贵族给他送来了食物，这个威尼斯人在热那亚监狱成了一个名人。

“希望您不久之后也能被释放。”马可意味深长地说道。

马可·波罗这部游记的意义

马可·波罗的这本书很快风靡多国。欧洲冒险家克里斯托弗·哥伦布在马可·波罗的亚洲之行结束大约 200 年后读了这本书。他本打算去马可书中描述的富有的中国和印度，然而，哥伦布在航行时发现了一个新大陆——美洲，他以为那便是印度，所以欧洲人把美洲的原住民称为“印第安人”。

“请您别担心我。”鲁斯提契洛回答。

1299 年 8 月 28 日，马可·波罗与鲁斯提契洛告别，离开了热那亚的监狱。马可再一次感受到了阳光照在脸上的温暖，他自由了！

马可这辈子再也不想离开威尼斯了。他搬进了一个大房子，这个房子是尼科洛和马泰奥在马可入狱期间买的。房子坐落在里亚托桥和大运河旁，地处威尼斯的商业中心。

现在，整个家族都住在那里。每当有人来访，他们总惊诧于亚洲的整牛皮、丝绸和大汗赐予的纯金令牌，这也是他们旅行的回忆。

1300年的冬天，即马可从热那亚回来的半年后，马可穿着猩红色的节日礼服跟多娜达·巴多尔成婚了，多娜达是威尼斯的贵族。马可是富有的商人和旅行家，还出版了一本书，是一个不错的成婚对象。多娜达和马可一共养育了三个女儿：凡蒂纳、贝莱拉和莫莱塔。马可在威尼斯的生活是安静、富裕的，正如他长期以来所期盼的那样。他还在做生意，但他并不靠这个养家糊口，亚洲之旅让波罗家的三位先生名声大噪，他们不再发愁钱的问题。

事实和虚构

《马可·波罗游记》更像是一本给商人的指南书，马可·波罗着重描述了如何在一个地方做生意，从一个城市到另一个城市怎么走，需要多久，而对他自己的故事和冒险经历常常一笔带过。这部游记有许多不同的版本流传下来，本书借助于现有的版本、先进的科学研究和些许艺术独立性，尽可能真实还原马可·波罗的经历和感受。

马可·波罗的这本书被多次在餐桌和壁炉旁讲述，因为在这个年代大多数人还不识字，人们聚集在市场上或者贵族庭院里听说书人将这些旅行故事娓娓道来。鲁斯提契洛是用法语写的这本书，当时流行法语，很多骑士小说也是用这种语言书写的。

当时的欧洲还没有印刷术，人们只能靠誊写或是口口相传，所以这本书很快就有了多种版本。每个誊写或讲述的人都会根据自己的见闻、喜恶添加或者省去一些内容。但万幸的是，它还是以这种方式留存了下来。有人称它为《东方见闻录》，还有人称它为《寰宇记》。现在一般通称它为《马可·波罗游记》。

鲁斯提契洛的原稿已经遗失，因此，后来的读者不能确定，哪些章节是原有的，哪些是后人杜撰的。

1324 年，马可已经是一位 70 岁的老人，临终前，他的朋友和亲戚围在他床边，他们让他指正旅行记中杜撰的内容。马可只是回答："我讲述的内容甚至都没有我真实看到的一半多。"

安科·杜尔察普夫 出生于1973年，记者、作家，主攻政治、艺术史和意大利语。她曾经在德国《艺术》杂志担任编辑，担任儿童杂志《威力想要知道更多》的总编。她也是一名自由撰稿人，为《国家地理杂志》《布里吉特》《明镜周刊》等供稿，写过艺术报道、儿童新闻、旅行报道，并出版过面向儿童及青少年的书籍。

克劳迪娅·利布 1976年出生于美因茨的埃伦巴赫，在明斯特和汉堡应用科技大学学习了设计。克劳迪娅曾担任《ADAC旅行杂志》《艺术投资》《明镜周刊》和《经济周刊》等杂志的设计师。